Rainer Haak

Das Leben prickelt wunderbar

Geschichten und Gedichte
vom alltäglichen Glück

„Worum geht's in deinem neuen Buch?", fragte mich eine Freundin kürzlich beim Einkaufen auf dem Markt. Wir standen gemeinsam vor einem Stand und warteten.

Ich überlegte kurz. „Es geht um offene Augen für das Glück. Schließlich will doch jeder Mensch glücklich sein, oder?"

Sie schüttelte energisch den Kopf und lächelte bitter. „Ich glaube, ich weiß gar nicht mehr, was das ist – Glück. Ich muss kämpfen und sehen, dass ich über die Runden komme und für meine Familie da bin. Da bleibt keine Zeit für die Suche nach dem Glück."

Ich sah sie etwas erschrocken an. „Aber hast du nicht Sehnsucht danach, dass dein Leben mal wieder richtig prickelt, so wie früher?"

In dem Augenblick war sie an der Reihe, bedient zu werden. Schnell sagte sie noch: „Muss ich mal drüber nachdenken. Wer weiß, wo sich das Glück versteckt hat. Ich kann ja bald dein Buch lesen." Sie drehte sich um. „Können Sie die neuen Kartoffeln empfehlen?"

Die gute Nachricht: Das Glück ist bereits da. Wir haben es nur immer wieder übersehen. Von diesem Glück erzählen die Texte in diesem Buch. Es ist das alltägliche Glück, das uns in der U-Bahn begegnen kann oder auf dem Rathausplatz, im Supermarkt oder am Gartenzaun.

Ich denke da an Maren, deren lange geplanter Ausflug ins Wasser fiel. So ein Pech! Doch es wurde dann trotzdem ein glücklicher, unvergesslicher Tag.

Julia war zwei Wochen allein in einer fremden Stadt. Eine langweilige Dienstreise? Sie ließ sich überraschen und freute sich jeden Tag über einen coolen Spruch, der ihr beim Cappuccino-Trinken ein Lächeln ins Gesicht zauberte.

Bente bekam von ihrem Bruder eine Karte geschickt, auf die er drei Smileys gemalt hatte. So etwas tat er sonst nie.

Sebastian war glücklich über ein Loch im Zaun und Steffen stellte fest, dass er runde Tische liebt. Das kleine Glück lebt!

Das Leben prickelt wunderbar. Und jetzt lade ich Sie herzlich ein zu einer Entdeckungsreise zum alltäglichen Glück!

Rainer Haak

INHALT

Der wichtigste Tag
heißt heute

INS WASSER GEFALLEN

Sie hatte sich so sehr auf den Ausflug ans Wasser gefreut! Mit ihren beiden besten Freundinnen hatte sie geplant und geträumt und geschwärmt.

Maren schloss die Augen, um ihre Träume noch einmal zurückzuholen. Mit dem Zug um viertel nach sieben wollten sie ihre Reise beginnen. Am Ziel sollte es ein traumhaftes Frühstück mit Rührei und Krabben geben. Und einem Glas Sekt. Nein, lieber doch Champagner! Alles mit Blick aufs Meer.

Dann wollten sie an den Strand ziehen und verrückte Fotos machen, die gleich „auf die Reise" geschickt werden sollten. Was ist ein Tag am Meer ohne Beweise für die Armen zu Hause?

Maren sah noch einmal das Trio übermütig auf der Seebrücke tanzen. Und die kleine Galerie, darauf hatte sie sich besonders gefreut! Mit dem letzten Zug wollten sie müde und glücklich nach Hause zurückfahren.

Sie öffnete die Augen. Die schönen Bilder fielen sofort in sich zusammen. Sie dachte an Freitag. Da sagte der Wetterbericht eine Mischung aus Sonne sowie Gewitter und Regen voraus. „Wir sind doch nicht aus Zucker!", hatte Maren den Freundinnen noch gesagt. „Nichts kann uns aufhalten!"

Dann kam der „schwarze Samstag". Ihr Smartphone klingelte. An der anderen Seite keuchte jemand. Anna Lena war am Telefon. „Jonas bringt mich gerade ins Krankenhaus. Mein Knöchel sieht aus wie ...", sie schien nach einem Vergleich zu suchen, „wie ein Elefant. Ich kann nicht mehr auftreten. Hoffentlich ist nichts gebrochen."

„Das tut mir leid für dich", antwortete Maren erschrocken. Dabei meinte sie vor allem sich selbst. „Dann ist unser Ausflug ins Wasser gefallen!"

Am Sonntag wachte Maren früh auf. *Jetzt würden wir gerade auf dem Bahnhof stehen und auf den Zug warten. Und jetzt? Der Tag ist gelaufen! Am besten verkrieche ich mich!*

Sie studierte lustlos die Veranstaltungstipps. *Nichts dabei, entschied sie trotzig. Also bleibt mir nur ein Spaziergang, Kaffeetrinken und Fernsehen. Ich komme mir vor wie meine eigene Oma!*

Zuerst einmal holte sie eine Plastikdose mit halbvertrockneten Käsescheiben aus dem Kühlschrank. Der Frühstückstisch sah aus, als wollte sie sich selbst von hier vertreiben.

Plötzlich dachte sie an ihre Schwester. Annika hatte sie schon ein paarmal eingeladen, sich den neuen Schrebergarten anzugucken.

Maren zuckte kurz zusammen. Sie träumte wieder. Von hohen Zäunen und Gartenzwergen. Das war nicht ihre Welt. Dann fielen ihr die Jungs ein. Ihre Neffen waren acht und zehn und ziemlich cool, fand sie.

Eine Stunde später an diesem verlorenen Sonntag traf sie im Kleingartenverein Sonnenblick ein. Annika war überrascht über den Besuch, die Jungs waren begeistert.

Bei einem Kaffee aus der Thermoskanne konnte sich Maren erst einmal in Ruhe umschauen. „Das ist der kleine Geräteschuppen", zeigte Annika auf eine kleine Bretterbude. „Da passt nur unser Werkzeug hinein. Aber nächstes Jahr bauen wir eine richtige Gartenhütte, in der wir gemütlich sitzen können."

Maren fand es auch im Freien ganz gemütlich. „Schön, dass ihr hier viel Platz zum Spielen für die Jungs habt!" Ihr Blick ging von dem Rasen zu den Beeten und dann nach oben. „Oh, da zieht es aber dunkel zu uns herüber!"

Tatsächlich, das Blau des Himmels verwandelte sich in gewaltigem Tempo in Schwarz. Schon fielen die ersten Tropfen. Dann begann es auf sie niederzuprasseln. *So ein Pech!*, durchzuckte es Maren.

Augenblicke später standen zwei johlende Kinder, Maren und ein verängstigtes Elternpaar dichtgedrängt unter dem kleinen Vordach des Schuppens. Es spritzte von unten und sprühte ein wenig von oben. „Dürfen wir in den Regen laufen!", riefen die Kinder und johlten immer noch.

Plötzlich träumte Maren wieder. Sie sah sich als kleines Mädchen, das sich vor den Gartenschlauch stellte und darauf wartete, dass sie nass gespritzt wurde. Dann tanzte sie über den Rasen und warf ihre kleinen Arme übermütig nach oben.

Die Jungs ließen sich von ihren Eltern nicht zurückhalten und sprangen einfach los. Ausgelassen liefen sie herum und freuten sich über die nasse Abkühlung.

Wie damals, dachte Maren, *genauso wie damals!* Ein Impuls durchzuckte sie. Sofort verließ sie den halbtrockenen Schutzraum und folgte den

Jungs zu einem verrückten Regentanz. Dabei sah sie die Seebrücke am Meer, auf der Rotkäppchen mit zwei Gartenzwergen tanzte.

Der schwarze Himmel verschwand so schnell, wie er gekommen war. Die Sonne kehrte zurück und trocknete bald die nassen Kleider. Der Geschmack von Wasser und Abenteuer blieb.

Am späten Nachmittag zog Maren wieder nach Hause. Sie wollte den verlorenen Sonntag wenigstens gemütlich auf der Couch beenden. Vor der Wohnungstür kramte sie gedankenverloren in ihrer Handtasche. Sie kramte noch einmal. Jetzt dämmerte es ihr: Sie hatte den Schlüssel in der Diele vergessen. *So ein Pech!*

Zum Glück erinnerte sie sich, dass ihre Nachbarin einen Ersatzschlüssel hatte. Sie drehte sich um und klingelte bei Luisa. *Mein Pechtag! Sie ist natürlich irgendwo unterwegs!*

Da entdeckte sie einen Zettel, der an der Tür klebte. *Bin am Wasserturm!*

Missmutig verließ Maren das Haus und machte sich auf den Weg. Der Wasserturm stand neben der kleinen Konzerthalle.

Als sie dort ankam, wunderte sie sich über die vielen Menschen, die dort standen und einer wunderschönen, melodischen Musik zuhörten. Luisa hatte ihre Nachbarin schon entdeckt. „Schön, dass du auch kommst. Die Gruppe stammt aus Schweden. Das Hauptkonzert nachher ist ausverkauft, deshalb gibt es für alle anderen ein kostenloses Open-Air-Vorkonzert."

So kam es, dass Maren doch noch tanzte, sogar zum zweiten Mal heute, wenn auch wieder nicht auf der Seebrücke. Sie drehte sich zur Musik und fühlte sich wie auf Wolken oder wie am Meer.

Am Abend bekam sie einen Anruf von Anna Lena. „Ich habe eine gute Nachricht. Der Knöchel ist nicht gebrochen. Zwei, drei Wochen, dann kann ich wieder laufen. Es tut mir nur leid, dass unser Ausflug ausgefallen ist. Hattest du trotzdem einen schönen Tag?" Maren nickte, auch wenn Anna Lena das natürlich nicht sehen konnte. „Der Tag war super. Das muss ich dir unbedingt erzählen …"

HEUTE LEBE ICH

Heute lebe ich.
Heute tue ich etwas, das ich schon lange tun wollte.
Heute sage ich, was mir wichtig ist.
Heute denke ich voll Dankbarkeit zurück.
Heute lerne ich aus meinen Fehlern.
Heute löse ich ein dringendes Problem.
Heute höre ich auf, vor dem Leben wegzulaufen.
Heute liebe ich das Leben.
Heute bin ich bereit, auf meine Seele zu hören.
Heute lache und weine ich.
Heute spüre ich, wie lebendig ich bin.

EIN WUNDERBARER MENSCH

Wenn ich allein bin,
habe ich die Möglichkeit,
einen wunderbaren Menschen kennenzulernen –
mich selbst.

Die wirklichen Wunder
im Leben haben
kein großes Publikum

DIE SCHÖNSTEN AUGENBLICKE

Die schönsten Augenblicke erlebe ich,
wenn ich meine Angst
oder meine Trägheit überwinde,
wenn ich auf andere zugehe
und auf meine Sicherheit verzichte,
wenn ich mein Auto in der Garage lasse
und mich zu Fuß auf den Weg mache,
wenn ich meine Vorurteile überwinde
und dem Leben mutig entgegengehe.

KEINE ZEIT?

Wie oft klage ich,
dass ich keine Zeit habe,
dabei haben doch
alle Menschen
jeden Tag neu
unzählige Augenblicke
Zeit.

ORTE DES GLÜCKS

Ein kleines einfaches Zimmer,
ein großes, geschmackvoll möbliertes Haus,

eine vielbefahrene Straße mitten in der Stadt,
ein schmaler Weg mit atemberaubendem Blick
    auf das Meer,

ein Bett in einem Pflegeheim,
ein Fensterplatz im Flugzeug,

ein Arbeitsplatz in der Fabrikhalle,
am Schreibtisch oder im Operationssaal,

eine harte Bank in einer kleinen Kirche,
ein weicher Sitz im Konzertsaal –

alles Orte
an denen das Glück zu finden ist.

Je mehr ich
auf meine Seele höre
umso häufiger erlebe ich
den Zauber
des Augenblicks

GLÜCKLICHE MENSCHEN

Glückliche Menschen
können auch dann lächeln,
wenn sie von niemandem beobachtet werden.

Glückliche Menschen
müssen nicht vorher genau wissen,
was sie erwartet.

Glückliche Menschen
lassen sich gern überraschen
– vom Leben.

DUMMHEITEN MACHEN

Wer niemals eine Dummheit macht
und keinen Traum verwirklicht,
wer noch nie eine verrückte Idee
in die Tat umgesetzt hat
und jedes Risiko vermeidet –
der ist vielleicht sehr vernünftig,
aber ganz bestimmt nicht glücklich.

WENN DAS GLÜCK ANKLOPFT

Wenn ich dem Glück Bedingungen stelle,
werde ich niemals die wunderbare Erfahrung machen,
dass ich auch bei Regen glücklich sein kann.

Wenn ich das Glück dort, wo ich bin,
nicht finden kann,
werde ich es auch nicht finden
auf einer Trauminsel am Ende der Welt.

Wenn das Glück bei mir anklopft,
will ich es hereinlassen,
ohne vorher in meinen Terminkalender
zu schauen.

WORAN ES LIEGT

Es liegt nicht am Kontostand
oder am Wetter,
es liegt nicht daran,
ob die Nachbarin freundlich lächelt
oder der Chef mir auf die Schulter klopft,
es liegt nicht an den Umständen,
ob ich glücklich bin –
es liegt an mir.

DANKBAR

Dankbar für den neuen Tag,
dankbar für den Menschen neben mir,
dankbar, dass ich mich satt essen kann,
dankbar, dass ich aus meinen Fehlern lerne,
dankbar für den Himmel über mir
und den Duft der Blumen –

dankbar und
glücklich.

Meine Seele
wünscht sich nicht
dass ich
ein anderer werde
sondern endlich
ich selbst

Am glücklichsten
bin ich oft dann
wenn ich vergessen habe
dass ich glücklich sein will

ZU WEM KOMMT DIE FREUDE

Zu wem kommt die Freude?
Sie kommt auch zu dir.
Zu wem kommt die Traurigkeit?
Sie kommt auch zu dir.
Zu wem kommt die Enttäuschung?
Sie kommt auch zu dir.
Zu wem kommt die Liebe?
Sie kommt auch zu dir.

Klopft eine von ihnen bei dir an,
dann lass sie herein,
sonst bleiben auch die anderen vor der Tür.

EWIGKEIT

Durch jeden Augenblick des Glücks
will mich meine Seele daran erinnern,
dass sie im Himmel geboren wurde
und dort eine Heimat hat.

Jeder Augenblick des Glücks
ist ein bisschen
wie nach Hause kommen.

Da nehme ich mir vor, endlich ein dringendes Problem zu lösen, aber schweife sofort mit meinen Gedanken ab und komme gar nicht zum eigentlichen Kern der Sache. Da stehe ich an einem lauen Sommerabend am Meeresstrand, die Sonne geht langsam unter, und ich frage mich allen Ernstes, nach welchem System ich die Rechnungen für die Renovierung des Kellers abheften sollte. Ich sitze mit lieben Menschen gemütlich bei einem leckeren Essen zusammen und denke nur an die Zeugnisse der Kinder. Ich mache einen Spaziergang durch den Park mit seinen wunderbaren alten Bäumen und herrlichen Blumenbeeten und denke nur an den Arztbesuch heute Nachmittag.

Ich bin in meine vagabundierenden Gedanken abgetaucht, in die verklärte oder verfluchte Vergangenheit, in die schwere oder rosige Zukunft, in die Sorgen und Probleme ... Aber: Leben kann ich nur an einem einzigen Tag – heute.

Ich kann nicht gestern leben und auch nicht übermorgen. Ich kann nicht in der Erinnerung leben und erst recht nicht irgendwann. Ich kann nur in diesem Augenblick leben, sonst befinde ich mich auf der Flucht vor dem Leben.

Am Abend nehme ich mir Zeit für einen Rückblick auf den vergangenen Tag. Wann habe ich heute gelebt? Ich schließe die Augen und suche nach Bildern. Da sehe ich, wie ich über mich selbst lachen konnte. Ich spüre wie vorhin den Wind auf meiner Haut. Ich bin froh und stolz, dass ich eine komplizierte Aufgabe gelöst habe. Ich denke an ein offenes, intensives Gespräch. Und mir fällt ein, wie ich bei der herrlichen Musik alles andere um mich herum vergessen konnte.

Natürlich tue ich nicht so, als ob mein Leben erst heute beginnt. Ich will nicht auf meine Erinnerungen verzichten. Heute denke ich voll Dankbarkeit zurück. Ich will nicht versäumen, für die Zukunft zu planen. Heute lerne ich aus meinen Fehlern.

Ich höre auf, vor dem Leben wegzulaufen. Denn ich habe mich entschieden, dass heute der wichtigste Tag meines Lebens sein soll.

Wenn die Seele singt

Julia war vor zwei Stunden in der großen Stadt angekommen. Es war ihre erste Dienstreise! *Ein sonderbares Wort!* schoss es ihr in den Kopf. Abenteuerreise wäre ihr lieber gewesen. *Aber vielleicht kann ja auch eine Dienstreise zum Abenteuer werden.*

Sie hatte kurz im Hotel eingecheckt und spazierte jetzt beschwingt durch die Straßen in einer Ecke der Stadt, die von alten Mehrfamilienhäusern und kleinen Läden geprägt war. *Hier ist es schön! Jetzt irgendwo einen Kaffee trinken!* dachte sie und blickte sich erwartungsvoll um.

Es dauerte nicht lange, bis sie an einer Straßenecke das bunte Schild sah: Café „Poesie". Der Name gefiel ihr sofort.

Draußen standen ein paar große Tische mit Bierbänken mit einfachen Lehnen. Sie ging hinein. Ihr fiel sofort der große Tresen auf. In der Mitte war er verglast und gab den Blick auf selbstgebackenen Kuchen frei. Julia wartete, bis eine ältere Frau kam. „Hallo, willkommen im Café Poesie. Du bist neu hier, nehme ich an. Ich bin Kiki. Was kann ich für dich tun?"

Julia bestellte einen Cappuccino.

„Setzt dich schon mal hin. Ich bringe ihn dir gleich."

Julia suchte sich einen Platz in der hintersten Ecke. Dort hatte sie einen guten Überblick und fühlte sich sicher.

Ihr Tisch war aus massivem, dunkel gebeiztem Holz. Sie atmete die alte Zeit ein und stellte sich vor, wie viele Generationen von Kaffeetrinkern hier wohl schon gesessen hatten. An der Wand neben ihr hingen ein paar eingerahmte Gedichte. Sie las das erste:

> *Du fühlst dich fremd,*
> *bis du einen Ort findest,*
> *wo du willkommen bist.*

Sie atmete tief durch. Was für ein schöner *Willkommensgruß!* In dem Augenblick brachte Kiki den Cappuccino, der sie fröhlich anlächelte. Sie liebte Smileys auf dem Milchschaum. „Der Spruch hier gefällt mir gut. Vielen Dank!" Kiki lächelte. „Lass dir dein Getränk schmecken. Und die Poesie auch!"

Der Cappuccino schmeckt super! Wie in Italien, dachte sie. Sie schlürfte noch einmal, bis der Smiley sich langsam auflöste. *Was sie wohl damit gemeint hat: und die Poesie auch. Wie schmeckt überhaupt Poesie?*

Sie sah sich um. Das Lokal war gut besucht. Dann blickte sie in die Speisekarte. Es gab Kaffee und Kuchen, ein paar kleine Speisen und Snacks und Getränke für jeden Geschmack. *Was für eine verrückte Mischung aus Café, Bar, Bistro und Kneipe!* Auf der Karte entdeckte sie zwischen den Getränken und Speisen mehrere Gedichte. Eins gefiel ihr besonders gut:

Manchmal bestelle ich einen Kaffee
nur wegen des Lächelns,
das es dazugibt.

Sie schmunzelte. Sie dachte an das Lächeln des Cappuccino und das Lächeln von Kiki. Und sie fand, dass Poesie sehr angenehm schmecken kann. Nach einer Weile traute sie sich von ihrem *sicheren* Platz aufzustehen und ging im Raum herum. Überall hingen kleine Sprüche. Sie waren mit künstlerischer, schwungvoller Schrift auf weiße Kartons geschrieben – etwa in Postkartengröße. Wieder sprang sie ein Spruch an:

Ich habe vor mich hingeträumt.
Dabei habe ich laut gesungen
und niemand hat es gehört.

Das Gefühl kenne ich, dachte sie. *Manchmal ist mir, als würde es in mir singen. Irgendwo in mir. Und niemand hört mich. Vielleicht sieht es jemand in meinen Augen.*

Ihr gefiel die geschwungene Schrift. Alle Texte waren unterschrieben mit A. Alle Texte – sie musste mehrmals schauen. *Nein, einige sind mit anderer Schrift geschrieben. Und da steht auch kein A drunter.* Als Julia aufbrach, wusste sie, dass sie für die nächsten zwei Wochen ihr Stammlokal gefunden hatte. Sie freute sich schon auf den nächsten Besuch in ihrem Zuhause auf Zeit.

Die zwei Wochen waren viel zu schnell vergangen. Julia war fast jeden Tag ins Café „Poesie" gekommen, mal morgens vor der Arbeit, mal zum Mittagstisch oder am Abend. Sie hatte wunderbare Menschen kennengelernt und manches intensive Gespräch geführt. Sie hatte außerdem alle Gedichte gelesen und manche davon mit beschwingter Schrift in ihr kleines Notizbuch geschrieben. Ihr war aufgefallen, dass viele Menschen, die ins Café „Poesie" kamen, dort erst einmal wie in einer Galerie herumflanierten, um sich von den Gedichten inspirieren zu lassen. Eines erinnerte sie an die vielen Begegnungen und Gespräche in den vergangenen Tagen:

Als du mir deine Geschichte erzählt hast,
habe ich mich getraut,
meine zu erzählen.

Am letzten Tag kam Julia noch einmal ins Café „Poesie", um sich von Kiki zu verabschieden. Sie hatte noch einige Fragen an die fröhliche Gastgeberin. „Wie seid ihr auf die Idee gekommen, lauter Sprüche auszustellen? Und wer ist überhaupt A?"

Bevor sie weitere Fragen stellen konnte, schob sie Julia auf den Platz ganz hinten und setzte sich daneben. „Der Kaffee heute geht natürlich aufs Haus. Und jetzt erzähl ich dir die ganze Geschichte." Julia rührte kurz in ihrem Kaffee, nahm einen Schluck, dann blickte sie Kiki erwartungsvoll an.

„Vor ein paar Jahren kam Alexander zum ersten Mal zu uns ins Café Zweistein, so hieß es damals noch. Er war älter als die anderen hier, aber er muss sich gleich wohlgefühlt haben, denn er kam wieder und wurde bald Stammgast. Er saß übrigens fast immer hier auf deinem Platz. Mit der Zeit gehörte er zur Einrichtung, wie er selbst sagte, und wurde bald ein beliebter Gesprächspartner."

Kikis Augen glänzten, als sie von Alexander erzählte. „Irgendwann brachte er ein Notizbuch mit, so ähnlich wie deins, nur größer. Manchmal saß er lange davor und versuchte zu dichten. Sobald ihn die Muse küsste, schrieb er das Ergebnis in sein Buch. Und wenn er richtig zufrieden war, schrieb er es mit seiner unverwechselbaren Künstlerschrift auf eine weiße Karte. Die ließ er dann auf seinem Tisch liegen." Sie zeigte auf eine Karte, die sie von einem Stapel nahm. „Wir haben die Gedichte zuerst nur gesammelt. Hier ist ein typisches Beispiel.

Ein Gespräch kann weh tun
oder befreien.
Manchmal beides auf einmal.

Als der Stapel immer größer wurde, kam jemand auf die Idee, einige davon zu rahmen und an die Wand zu hängen. Stell dir vor, das wurde bald der große Hit. Manche kamen nur wegen der Gedichte zu uns. Schließlich hat sogar die Lokalpresse darüber berichtet. Danach ging es rund!"

Sie lächelte versonnen. „Irgendwann kam er seltener. Sein Schritt wurde schwer und unsicher. Und seine Hände begannen zu zittern, das sieht man noch an einigen der Karten. Und schließlich blieb sein Platz leer."

Julia blickte auf den Stapel Karten. „Zum Glück gibt es ja noch mehr Gedichte. Das ist eine schöne Erinnerung an ihn." Kiki nickte und wischte sich ein Staubkorn aus ihrem Auge. „Manchmal wechseln wir einige Gedichte, da-

mit unsere kleine Ausstellung lebendig bleibt."
Julias Augen leuchteten. „Da bekommt man ja
richtig Lust, selbst etwas zu schreiben."

Kiki stand auf und winkte, ihr zu folgen.
„Hier auf dem kleinen Beistelltisch siehst du
weiße Kärtchen." Sie zeigte auf einen Tisch an
der anderen Seite des Lokals. „Das sind Anna
und Jonathan. Beide haben ein Kärtchen und
einen Stift vor sich. Von Jonathan hängt auch
schon ein Spruch an der Wand. Liest sich wie
eine Werbung für unser Café."

Heute wollte ich dichten.
Doch das beste Gedicht
war euer Kuchen.

Julia nahm Kiki in den Arm. „Danke für alles.
Für die Geschichte und den Kaffee und das Willkommen bei euch. Wenn ich darf, nehme ich
noch eine Karte. Etwas Zeit für Poesie habe ich
noch. Vielleicht werde ich ja zum Abschied auch
von der Muse geküsst."

WAS ICH MIR WÜNSCHE

Ich wünsche mir eine Welt
nicht nur für Realisten,
die stets vernünftig sind
und immer richtig funktionieren
und sich durch nichts
begeistern lassen.

Ich wünsche mir eine Welt
auch für die Träumer und die Kinder,
für die Clowns und die Versager,
die Tänzer und Sänger und Lebenskünstler.

DIE FARBEN DES LEBENS

Ein romantischer Spaziergang am Meer,
endloses Warten im Regen auf die Straßenbahn,

ein fröhliches Fest mit guten Freunden,
schwierige Gespräche mit negativem Ausgang,

eine Wanderung in den Bergen in bester Laune,
Tage voller Angst im Krankenhaus,

ein unerwarteter Erfolg,
eine bittere Enttäuschung,

das Leben in seinen unterschiedlichen Farben –
keinen Tag möchte ich missen.

TRÄUME

Von manchen Kostbarkeiten
will ich nur träumen oder sie bewundern,
statt sie zu besitzen
und keine Träume mehr zu haben.

> *Manchmal freue ich mich*
> *und weiß gar nicht worüber*

MANCHMAL

Manchmal denke ich:
das war's,
so schön wird es nie wieder
und plötzlich fängt es
erst richtig an.

Das Glück finde ich nicht,
wenn ich versuche,
besonders schöne Augenblicke
zu wiederholen.

Das wahre Glück ist immer anders
und immer neu.

An jedem Tag erklingt
die Melodie des Lebens
und ich entscheide
ob ich mittanze

MENSCHLICH

Immer mehr ist oft weniger,
und immer größer ist zu klein gedacht.
Immer schneller ist nicht gut,
denn das Leben hat sein eigenes Tempo.

Menschlich wird diese Welt
nicht durch noch mehr
wichtige Persönlichkeiten,
sondern durch Menschen,
die ihren Zug verpasst haben,
weil sie erst einem kleinen Jungen
helfen mussten,
sein Spielzeug aufzuheben.

LEBEN

Keine Pflicht erledigen
und keine Leistung erbringen,
einfach nur hören und sehen
und fühlen und atmen.
Nichts?
Einfach nur hören und sehen
und fühlen und atmen
und plötzlich spürst du es –
das Leben.

MELODIE DES LEBENS

Die Melodie des Lebens erklingt
bei der Geburt eines Kindes,
beim Warten auf eine Antwort,
in der riesigen Fabrikhalle,
bei einer langen Wanderung,
am Krankenbett der alten Mutter
und beim Klingeln des Weckers morgens früh.

Ein Leben lang
habe ich die Möglichkeit
diese Melodie kennenzulernen.

EBBE UND FLUT

Ebbe und Flut wechseln sich ab,
Berge und Täler,
Sommer und Winter.
Ich will annehmen,
dass es auch in meinem Leben
Höhen und Tiefen gibt.

Der Engel
der dich schützt und begleitet
tut es nicht aus Pflicht
sondern aus Liebe

REICH BESCHENKT

Manchmal muss ich schnell zugreifen,
wenn ich das Glück nicht verpassen will,
und manchmal erfahre ich das Glück nur,
wenn ich bereit bin lange genug zu warten.

Ich kann mich reich beschenkt fühlen,
auch wenn ich knapp bei Kasse bin.
Ich kann Sonnenschein um mich verbreiten,
auch wenn es draußen tagelang regnet.
Ich kann froh und glücklich sein,
auch wenn ich gerade kein Glück hatte.

Ich kann meinem Ziel nahe sein,
wenn ich gerade neu anfange.

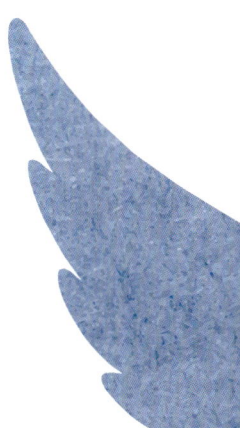

FLÜGEL

Manches kann ich nicht machen,
manches kann ich nicht ändern,
manches kann ich nicht beeinflussen,
manches kann ich nur geschehen lassen.

Alles kann ich nicht
und vor allem nicht auf einmal.
Wenn ich etwas Neues wagen will,
ist es Zeit zu lernen,
was ich dafür loslassen will.

Als ich meinte:
Jetzt kenne ich das Leben,
jetzt weiß ich über alles Bescheid,

da bekam meine Seele plötzlich Flügel
und ich konnte noch einmal neu anfangen.

Eine Melodie liegt in der Luft
und es ist Zeit
die Fenster weit zu öffnen

EINE GANZE WELT

In dir ist eine ganze Welt.
Da sind schmale Wege und breite Straßen,
bunte Gärten und Bänke zum Ausruhen,
in dir sind Räume,
in denen du dich wohlfühlst,
und dunkle Keller,
die du nicht zu betreten wagst,
da sind versteckte Gänge,
die zum Ort deiner Sehnsucht führen,
und ruhige Plätze,
an denen du dich zu Hause fühlst.

In dir verborgen
liegt ein unendlicher Reichtum,
nach und nach
wirst du ihn entdecken.

IN DIR

In dir klingen helle Töne,
und du singst sie leise mit.
Es ist deine Melodie,
die dich immer wieder verzaubert –
die Melodie deines Lebens.

In dir siehst du viele Bilder,
eine kleine bunte Welt.
Es sind deine bunten Bilder,
die dich immer wieder verzaubern –
die Bilder deines Lebens.

In dir spürst du tiefe Liebe,
und du fühlst dich reich beschenkt.
Es ist deine Liebe,
und sie schenkt dir deine Lieder
und die Bilder deines Lebens.

Meine Seele liebt Musik. Wie oft habe ich das schon erfahren. Es gibt einige Melodien, fröhliche, traurige, bei denen etwas in mir zu klingen beginnt. Es gibt Musikstücke, die etwas in mir bewegen, die mich beruhigen oder herausfordern, die mein Herz schneller schlagen lassen oder mich glücklich machen. Und es gibt Musik, bei der ich das Gefühl habe, dass meine Seele vor lauter Freude das Tanzbein schwingt.

Ich bin davon überzeugt, dass es für jeden Menschen die Melodie seines Lebens gibt, auch für mich. Ich finde sie in versteckten Räumen in meinem Inneren, in den Träumen und Sehnsüchten, in tiefen Begegnungen und wichtigen Erfahrungen. Ich höre sie manchmal bei einer aufregenden Wanderung hoch oben in den Bergen oder am Ufer des Meeres, am Krankenbett bei einer guten Freundin, spät abends bei einer intensiven Arbeit, beim Lachen, beim Lieben, beim Hoffen und Teilen. Ich höre sie, wenn ich meine Tochter oder meinen Sohn in den Arm nehme oder in der alten Kirche eine Kerze anzünde.

Wenn ich meine Seele singen höre, dann weiß ich: Jetzt lebe ich. Ich habe für einen Augenblick aufgehört, meinen Ängsten zu gehorchen. Wenn ich meine Seele singen höre und zulasse, dass sich ihr Klang in mir ausbreitet, dann weiß ich: Ich gehe meinen eigenen persönlichen Weg. Die Melodie des Lebens zeigt mir, dass es mehr gibt als Arbeit und Sorgen und Routine. Ich spüre, wie das Leben sich anfühlt.

Auf die Freundschaft

Erster Akt: 3. Mai – Was ist denn mit dir los?

Es klingelte an der Wohnungstür. Lustlos schlurfte Bente zum Flur. Als sie öffnete, hellte sich ihr Blick kurz auf. „Hallo Patrick, schön dass du mal wieder vorbeikommst!" Ihr Bruder war ein Arbeitstier und nahm sich nur selten Zeit für einen Besuch. Sie bat ihn herein. „Ich mach dir einen Kaffee. Du musst ihn schwarz trinken. Die Milch ist leider alle."

Als sie in der Küche mit Geschirr klapperte, sah er sich ein wenig im Wohnzimmer um. Es sah dort aus wie vor Jahren in seiner WG. Wäsche, Geschirr und Essensreste lagen herum. „Tut mir leid, ich wollte gerade aufräumen", sagte sie entschuldigend, als sie den Kaffee brachte.

Jetzt sah er seine Schwester genauer an. Ihre blonden Haare, die er sonst immer so bewundert hatte, hingen ihr strähnig ins Gesicht. Ihr Lächeln schien aufgesetzt. „Was ist denn mit dir los? Hast du die Trennung von deinem Freund immer noch nicht überwunden?"

Sie blickte auf den Boden. „Ich weiß es nicht. Ich habe zu nichts mehr Lust. Ich fühle mich so nutzlos. Ich glaube, wenn ich nicht mehr da wäre, würde mich niemand vermissen." Er stand auf und nahm sie in den Arm. „Ich würde dich vermissen, das weißt du doch." Er blickte sie streng an. „Bente, du musst dich zusammenreißen!"

Sie fror. *Was verstehst du vom Leben?* dachte sie. *Zusammenreißen, als wenn das so einfach wäre.* Hastig trank Patrick seinen Kaffee, dabei rutschte er unruhig auf dem Stuhl hin und her. *Er hat wie immer keine Zeit*, wusste sie. Sie sah ihm in die Augen. „Bleib noch einen Augenblick! Erzähl mal, wie geht es dir und Hanna?"

Er blickte zur Tür. „Du weißt doch, wir haben beide viel zu tun. Für Privatleben bleibt da kaum noch Zeit."

Zweiter Akt: 29. Mai – Das Märchen von der Königin

Es klingelte. Langsam ging Bente zum Flur und öffnete die Tür. „Hallo Patrick, was für eine schöne Überraschung. Komm doch herein!" Sie schob ihn ins Wohnzimmer. „Ich mache schnell einen Kaffee mit viel Milch, so wie du ihn liebst." Patrick setzte sich in den einzigen Sessel. Sein Blick taxierte zufrieden den Raum. Dann holte er sein Smartphone heraus und beantwortete mehrere Emails.

Seine Schwester war längst zurück. „Lass es dir schmecken! Ich habe ein paar Kekse dazugelegt. Kennst du eigentlich das Märchen von der Schönheit der Königin?" Er schüttelte den Kopf.

„Ich habe das Buch aus der Bibliothek. Die Königin ist total unglücklich. Sie hat ihre strahlende Schönheit verloren. Das ganze Land leidet mit ihr. Selbst der Hofnarr kann sie nicht mehr zum Lachen bringen. Da macht der Älteste aus dem Hofstaat den Vorschlag, dass sie ein paar Tage bei einer armen, aber sehr liebevollen Familie wohnen soll. Die Königin ist bereit, nach jedem Strohhalm zu greifen. So macht sie sich auf die lange Fahrt zu der Familie, bei der sie für ein paar Wochen leben soll, ohne dass dort jemand weiß, wer sie ist.

Zuerst fühlt sie sich auch bei der Familie unglücklich. Sie zieht sich in einen kleinen, abgedunkelten Raum zurück. Dort liegt ein Kind der Familie in seinem kleinen Bett. Es liegt einfach da, kann nicht gehen und wohl auch nicht reden. Aber es strahlt die ihm unbekannte Frau an. Und sie spürt, wie gut ihr dieses Lächeln tut.

Am Abreisetag verabschiedet sie sich von der Familie und zuletzt von Wolf, dem strahlenden Kind. Zum ersten Mal öffnet es den Mund und sagt mit unbeholfener Stimme: *„Du bist schön. Ich hab dich lieb."*

Patrick sah seine Schwester mit großen Augen fragend an. „Warum erzählst du mir das?" Sie lächelte. „Die Königin bekommt ihre Schönheit zurück, weil das hilflose Kind sie anschaut und sagt, dass es sie liebhat. Ich liebe diese Geschichte und habe sie schon viele Male gelesen. Jetzt weiß ich, dass ich meine Lebensfreude zurückbekomme, wenn ich geliebt werde. Ich will wieder unter Menschen gehen und hoffe, ein paar gute Freunde oder Freundinnen zu finden."

Dritter Akt: 19. Juni – Ich werde geliebt

Es klingelte. Bente lief fröhlich zum Flur und öffnete die Tür. „Ich freue mich, dass du mich besuchst. Komm herein! Ich mache schnell einen heißen Kaffee."

Bald saßen sie zusammen im Wohnzimmer. Patrick staunte immer noch über die frischen Blumen auf dem Tisch und die neue Bluse seiner Schwester. „Du siehst gut aus!" Sie strahlte. „Ich fühle mich so gut wie lange nicht mehr." Patrick hatte seinen Kaffee noch nicht angerührt und starrte seine Schwester an. „Hast du Freunde gefunden? Bist du verliebt?"

Sie lächelte geheimnisvoll. „Meine Nachbarin hat mich auf die richtige Spur gebracht. Es ging doch immer um mich und nicht um irgendwelche Menschen, die mir ihre Liebe schenken. Es ging um mich!"

Patrick hatte zuletzt nicht mehr richtig zugehört. Stattdessen blickte er verzweifelt auf seine Uhr. „Du, tut mir leid, ich muss gleich wieder los. Die Arbeit wartet." Als sie ihn zur Tür begleitete, fragte sie: „Bist du eigentlich dein bester Freund? Dann würdest du euch mal einen schönen Urlaub schenken, dir und Hanna." Er drehte sich noch einmal um. „Ich habe jede Menge Freunde. Aber leider keine Zeit."

Sie sah ihm nach, wie er ins Auto stieg. *Du siehst nicht gut aus*, dachte sie. *Du brauchst einen guten Freund, der dich liebt und der will, dass es dir gut geht. Sie grinste. Ich wüsste den besten Freund für dich. Ich kenne ihn schon ein Leben lang.*

Letzter Akt: 18. Juli – Überraschung

Als Bente ihren Briefkasten leerte, lag zwischen Reklame und Rechnungen eine richtige altertümliche Ansichtskarte mit Briefmarke drauf. Sie erkannte sofort die Handschrift ihres Bruders: *Manchmal bin ich schwer von Begriff. Es war höchste Zeit, mir zu beweisen, was für ein lebenslustiger Typ ich bin. Hanna weiß es jetzt auch.* Darunter waren drei Smileys gemalt. Sie schluckte. *Smileys malen, das tut er sonst nie!*

Die Liebe entdeckt
die Stärken des anderen
und kann mit seinen Schwächen
gut leben

FREUNDSCHAFT

Ich brauche keine Freunde,
die immer nur höflich und freundlich
zu mir sind.
Ich brauche Freunde, die bereit sind,
mir die Wahrheit zu sagen.

Auf jede Begegnung mit dir
freue ich mich schon lange vorher –
weil du mir immer wieder Dinge sagst,
die meiner Seele gut tun.

FREUNDSCHAFTSDIENST

Es gibt Menschen,
zu denen ich als Packesel komme
und als Schmetterling heimkehre.

Du versuchst gar nicht erst,
meine Probleme zu lösen –
aber manchmal gelingt es dir
für ein paar Minuten oder Stunden
mich von meinen Problemen zu lösen.

In deiner Nähe
fällt es mir ganz leicht,
an meinen eigenen Wert zu glauben.

WAS FREUNDE AUSZEICHNET

Ich brauche keine Menschen,
die große Versprechungen machen.
Ich brauche Menschen,
die ihre kleinen Versprechungen halten.

In guten Zeiten merken wir,
mit wem wir Spaß haben.
In schlechten Zeiten wird uns deutlich,
wem wir vertrauen können.

Jeder Freund, jede Freundin
schenkt mir einen neuen Blickwinkel,
aus dem ich die Welt
und meine Mitmenschen sehen kann.

Freundschaft bedeutet
eine Ahnung zu haben
von den inneren Schätzen

des Freundes
der Freundin

Groß ist ein Mensch,
wenn er seine Mitmenschen
groß sein lässt

WAS ICH AN DIR LIEBE

Du kannst lebendig erzählen –
aber auch schweigen und zuhören.
Du kannst hart arbeiten –
aber auch ausruhen und faulenzen.
Du kannst wunderbare Geschenke machen –
aber dich auch selbst
über jedes Geschenk freuen.
Du kannst deine Erfolge feiern –
aber auch mit Enttäuschungen leben.
Du kannst sehr großzügig sein –
aber bist dabei bescheiden geblieben.
Gern würde ich bei dir
für ein paar Tage in die Schule gehen.

FREUNDSCHAFT GENIESSEN

Was ich an meinen Freunden
am meisten schätze?

Ihre Zuverlässigkeit, ihre Fröhlichkeit,
ihr Verständnis, ihre Ratschläge?

Oder vielleicht ihre Pünktlichkeit,
ihr Fachwissen, ihren guten Geschmack,
ihr Durchsetzungsvermögen?

Ich muss nicht lange überlegen:
Am meisten schätze ich ihre Freundschaft.

Wir müssen kein „Fest feiern",
wenn wir uns wiedersehen.
Unser Wiedersehen ist ein Fest.

IN EINER FREUNDSCHAFT

In einer Freundschaft gibt es
keine Sieger und Verlierer,
keine Kleinen und Großen,
keine Wertvollen und Wertlosen,
keine Untergebenen und Vorgesetzten.
In einer Freundschaft gibt es
nur dich und mich.

Menschen, von denen ich nur weiß,
wie ihre Wohnung eingerichtet ist,
welche Hobbys sie haben
und wohin sie im Urlaub fahren,
nenne ich „Bekannte".
Von meinen Freunden weiß ich auch etwas
über ihre Gefühle und Verletzungen,
ich weiß von Ängsten und Hoffnungen,
von Träumen und Sehnsüchten
und von dem, was ihrem Leben Sinn gibt.

MEIN HERZ SCHLÄGT SCHNELLER

Ich frage mich durch,
weil ich mich hier nicht auskenne.
Der Ort ist mir fremd,
die Häuser, Straßen und Plätze.
Es ist ein Ort wie tausend andere –
mit stolzen alten Gebäuden,
die so manche Zeiten überstanden haben
und modernen, langweiligen Zweckbauten.
Es ist ein fremder Ort, und doch fühle
ich mich ihm auf sonderbare Weise verbunden.
Es ist ein Ort wie tausend andere,
und doch ist er einzigartig.
Es ist eine ganz normale Straße,
und doch schlägt mein Herz schneller.
Warum?
Weil du hier wohnst.

Wer Angst hat
versucht den anderen
klein zu machen
Wer liebt
macht ihn groß

WER LIEBT

Wer liebt,
kann den geliebten Menschen verwöhnen
und sich selbst verwöhnen lassen.
Wer liebt, kann seine Fähigkeiten einsetzen
und den anderen machen lassen,
was der erst mühsam erlernen muss.
Wer liebt, kann stark sein und kämpfen
und sich anlehnen und trösten lassen.
Wer liebt, kann in großer Freiheit leben
und alles für den anderen tun.
Wer liebt, kann auf manches verzichten
und sich reich beschenken lassen.

AN JEDEM TAG

An jedem Tag ein freundliches Wort,
ein erfrischendes Lachen,
eine zärtliche Berührung,
ein offenes Gespräch –
damit die Liebe jung und lebendig bleibt.
Liebe bewährt sich und wächst
und tut weh und tut gut
und verändert meine Wirklichkeit.

GUTES TUN

Wer sich Gutes tut,
sich Zeit lässt für das Schöne,
wer sich selbst besser kennenlernt,
das Leben intensiver lebt und genießt,
sich pflegt und verwöhnt –
tut sich selbst einen Liebesdienst.
Danach ist es viel leichter, auch die Liebe
eines anderen Menschen anzunehmen.

MANCHMAL

Manchmal müssen wir die Liebe befreien –
von den Fesseln der Gewohnheit,
von der Nachlässigkeit und den
schlechten Erfahrungen von vorgestern!

Manchmal müssen wir die Liebe befreien –
von unseren Vorurteilen, Hemmungen
und kleinlichen Gesetzen.

Manchmal müssen wir die Liebe befreien –
damit sie leben kann.

Wer einen Menschen besitzen will
will ihn verändern
Wer einen Menschen liebt
freut sich über ihn, wie er ist

DER SCHLÜSSEL

Liebe brauchst du vor allem dann,
wenn du einen schweren Fehler gemacht hast,
wenn du an deiner
Liebenswürdigkeit zweifelst,
wenn du dich selbst
nicht mehr leiden kannst,
wenn du verzweifelt oder verbittert bist.
In solchen Augenblicken
kann die Liebe
der Schlüssel zu einer Schatzkiste sein,
in der deine eigene Liebenswürdigkeit
verborgen liegt.

GUT, DASS ES DICH GIBT

Es tut so gut, dass es Menschen gibt, die ich zu meinen Freundinnen und Freunden zählen darf. Menschen, die mir wichtig sind und denen auch ich etwas bedeute. Menschen, die mir immer wieder deutlich machen, wie liebenswert ich in ihren Augen bin – die mir aber auch liebevoll die Meinung sagen, wenn sie nicht einverstanden sind mit dem, was ich vorhabe. Es tut gut, dass es Menschen gibt, die ehrlich zu mir sind, weil sie mich liebhaben, und denen ich erzählen kann, was mir auf dem Herzen liegt. Es tut gut, dass es Menschen gibt, die mich mit ihrer Lebensfreude anstecken. Es ist nicht selbstverständlich, dass eine gute Freundin, ein guter Freund mir einen Brief schreibt oder mich anruft – gerade dann, wenn ich es brauche. Besonders gut tut es, wenn ein Mensch da ist, der sein Leben mit mir teilt, seine Zeit und seine Liebe, seine Träume und Gedanken, sein Lachen und seine Trauer.

Liebe und Freundschaft sind keine selbstverständliche Erfahrung. Sie sind beide eine große Aufgabe und zugleich auch ein Geschenk.

WENN ICH EIN VÖGLEIN WÄR

Wenn ich ein Vöglein wär
und auch zwei Flügel hätt,
flög ich zu dir.

Wenn ich ein Herzlein hätt,
das ohne Sorgen wär,
wie wär ich frei.

Wenn ich zwei Flügel hätt,
ich wäre federleicht
und flög empor.

Ein Herz, so leicht und frei,
ein Herz, dem Himmel nah,
das wünsch ich dir.

Auf ein fröhliches Herz!

Das Baumhaus war auch nach so vielen Jahren immer noch eine Pracht. Es war rostrot gestrichen und thronte über dem Garten an der Grenze zum Nachbargrundstück. Oft spazierte Sebastian von der Terrasse hinüber und schaute minutenlang hinauf. Hella stand so lange am Fenster und sah zu, wie die Vergangenheit für ihn lebendig wurde.

Er hatte es vor vielen Jahre für ihre beiden Kinder gebaut. Als dann die Kinder eigene Familien gegründet hatten, wurde es das Zuhause der Enkel. Doch die Familien zogen fort – und das Baumhaus stand leer. „So hast du mit Mama auf eure alten Tage endlich Ruhe", sagte sein Sohn beim Abschied.

Auf meine Ruhe verzichte ich gern, dachte Sebastian, und blickte lange sehnsuchtsvoll zu seinem Baumhaus hinauf. Als Hella ihm ein paar Tage später vorschlug, das *alte Ding* abzureißen, verzog er nur kurz das Gesicht und wechselte schnell das Thema.

Eines Tages zog eine neue Familie in das Haus nebenan ein. Dazu gehörten drei Kinder, die fröhlich johlend durch den Nachbargarten liefen. Sebastian strahlte. „Endlich wieder Leben", freute er sich. „So wie damals!" Hella schüttelte lachend den Kopf. „Du wärst am liebsten selbst noch ein Kind, nicht wahr?" Am Abend standen sie am Fenster und schauten hinaus in die Dämmerung. Sebastian blickte hinüber zum Baumhaus. Plötzlich stieß er Hella an. „Siehst du?"

Durch das Loch im Zaun schlüpften vorsichtig drei kleine Kinder und schlichen zur Leiter, die zum Baumhaus emporführte. Langsam kletterten sie hinauf und verschwanden in der kleinen Hütte. Sebastian schloss die Augen. In seiner Fantasie stand er selbst in dem kleinen Raum, an dessen gegenüberliegenden Seiten zwei Bänke aus einfachen Holzbrettern zum Sitzen einluden. Dazwischen stand ein Hocker, auf dem damals immer eine Flasche Brause auf durstige Abenteurer gewartet hatte. Er stellte sich vor, wie die Nachbarskinder sich verschwörerisch anblickten und dann feierlich Platz nahmen.

Es verging eine Minute, oder waren es zehn, bis die Kleinen die Tür öffneten und vorsichtig hinausspähten. Schnell kletterten sie wieder hinunter und verschwanden nach kurzer Zeit in der Dunkelheit im Nachbargrundstück.

Am nächsten Tag war Sebastian lange in der Werkstatt verschwunden. Hella freute sich immer, wenn er dort bastelte – an alten Motoren oder antiken Schränken. Schließlich kam er wieder heraus und zog wortlos mit der Werkzeugkiste und verschiedenen Holzbrettern hinüber zum Baumhaus. Hella blickte ihm mit großen Augen hinterher. *Was hat er nur vor?*, grübelte sie.

Sebastian legte am Fuß der Leiter zum Baumhaus die Werkzeugkiste und seinen Holzvorrat ab. Dann prüfte er genau jede Sprosse der alten Holzleiter. Einige entfernte er und ersetzte sie durch neue. Dabei kamen Zange, Hammer und Säge immer wieder zum Einsatz. Stolz prüfte er anschließend sein Werk und war sehr zufrieden.

Plötzlich sah er sich vorsichtig um, als wollte er etwas Verbotenes tun. Hella, die immer noch am Fenster stand, blieb fast das Herz stehen: Langsam stieg er Sprosse für Sprosse hinauf, blickte sich wieder um und verschwand in der kleinen Hütte. Erst eine Viertelstunde später kam er mit einem breiten Grinsen wieder heraus. Als er wieder ins Haus kam, stand Hella am Herd und fragte wie nebenbei: „Alles in Ordnung bei dir?" Er nickte.

Einige Tage später kam der Nachbar zu einem Begrüßungsbesuch herüber. Er sah etwas zerknirscht aus. „Entschuldigung, ich habe gesehen, dass unsere drei Rabauken durch eine Lücke im Zaun auf Ihr Grundstück gekommen sind. Das tut mir echt leid! Ich hoffe, dass sie nichts angestellt haben. Ich schlage vor, dass ich den Zaun repariere. Dann kommt das nicht wieder vor."

Sebastian bat ihn lächelnd herein. Er holte eine Flasche mit einer klaren Flüssigkeit und zwei kleine Gläser. „Auf gute Nachbarschaft! Ich bin Sebastian." Sie stießen an. „Ach, das freut mich. Ich bin Sven. Auf gute Nachbarschaft!"

Hella staunte, als die beiden in der Werkstatt verschwanden. *Die scheinen sich ja gut zu verstehen! Vielleicht ist er auch ein Bastler.* Als der Nachbar nach einer Stunde wieder ging, sagte Sebastian an der Haustür: „Das mit dem Zaun vergiss mal bitte. Es gibt doch nichts Aufregenderes für Kinder als ein Loch im Zaun!"

Manchmal öffne ich mein Fenster weit
um die Sorgen hinaus-
und die Freude hereinzulassen

ERWACHSEN

Ein Mensch ist dann erwachsen,
wenn er aufhört, das zu tun,
was andere ihm empfehlen oder vorschreiben,
und endlich das tut,
was ihm selbst wichtig ist.

GLÜCKLICH

Wenn ich zufrieden bin,
muss ich mir nichts kaufen.
Wenn ich lebendig bin,
muss ich nicht immer mehr besitzen.
Und wenn ich glücklich bin,
habe ich alles, was ich brauche.

LEBENSWEISHEIT

Ich wünsche mir,
dass ich lerne,
auf manches zu verzichten,
vor allem: auf meine Sorgen!

Welch ein Glück,
dass sich die meisten Sorgen eines Tages
als unbegründet herausstellen.

Ich muss nicht alles tun,
was ich für wichtig halte.
Vieles von dem, was ich heute nicht schaffe,
kann ich mir morgen schon sparen.

Lieber lebe ich ein paar Tage
mit guten Freunden
in einer einfachen Hütte
als ohne sie im ersten Haus am Platz.

LOSLASSEN UND GLÜCKLICH SEIN

Hätte ich niemals schwere Tage erlebt,
dann wüsste ich nicht, was es bedeutet,
mich über schöne Tage zu freuen
und das Leben zu genießen.

Wenn ich mich dabei ertappe,
dass ich keine Zeit habe,
um glücklich zu sein,
dann stelle ich mir die Frage:
Warum lebe ich eigentlich?

Mir fehlt nichts zum Glück,
was ich mir für Geld kaufen könnte.
Glücklich sind Menschen
nicht nur über das,
was sie haben,
sondern auch über das,
was sie loslassen können.

Den schnellsten Weg
zum Glück
findet der
der sich genügend
Zeit lässt

ANSTECKEND

Sie ist hochgradig ansteckend.
Sie überträgt sich durch Blickkontakt,
durch Reden und Lachen,
manchmal sogar durchs Telefon
oder durch regen Briefwechsel.
Sie kann den ganzen Körper befallen,
vor allem aber das Herz.
Trotzdem ist sie garantiert ungefährlich –
die Fröhlichkeit.

FRÖHLICHES HERZ

Es gibt auf der ganzen Welt
nur einen einzigen Ort,
an dem sich die Freude gern niederlässt:
in einem fröhlichen Herzen.
Es gibt Menschen,
die auch allein mit sich selbst
immer in guter Gesellschaft sind,
weil sie auch einmal loslassen
und vergessen können.
Wenn ich nicht weiß,
ob mein Herz fröhlich ist,
reicht meistens schon
ein kurzer Blick in den Spiegel.

VIELE GABEN

Ein Mensch schenkt besonders viel Liebe,
ein anderer braucht viel Liebe
und weckt dadurch Liebe in mir.

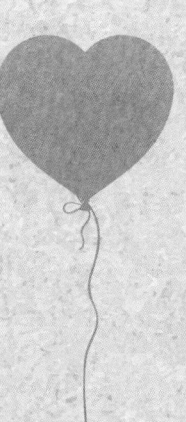

Ein Mensch schenkt viel Trost,
ein anderer hilft mir,
das Trösten zu lernen.

Ein Mensch leistet besonders viel im Beruf,
ein anderer hält ihm dafür den Rücken frei.

Ein Mensch freut sich oft,
ein anderer bietet Grund zur Freude.

Ein Mensch besitzt viele gute Gaben,
ein anderer hilft mir,
meine Gaben zu entdecken.

DANKBAR

Mein erster Gedanke am frühen Morgen:
Nicht, welche unangenehmen Dinge
heute auf mich warten,
sondern dass ich meine Augen öffnen
und diesen neuen Tag erleben darf.

Ich sehne mich nach Vertrauen und Glauben, nach Freundschaft und Nähe, nach Lachen und Leichtigkeit. Alle meine Sehnsüchte werden benutzt, um mir etwas zu verkaufen – aber Glück lässt sich nicht als Ware kaufen. Ich will den Reichtum entdecken, der mit Geld nicht zu kaufen ist.

Meine Seele versteht eine Menge von diesem Reichtum. Sie versucht immer wieder, mich dafür zu begeistern, und tief in mir kann ich ihre wunderschönen Bilder finden: leuchtende Augen, lachende Gesichter und offene Hände, fröhliche Feste und zärtliche Umarmungen. Vielleicht zeigt meine Seele mir im Traum, wie ich barfuß über eine Wiese laufe, angestrahlt von einem warmen Licht. Vielleicht begegne ich einem Engel oder sehe mich, wie ich frei von allen Lasten wie ein Vogel über eine grüne Landschaft fliege ...

Jeder Mensch braucht positive Bilder. Mit ihnen lässt sich die Wirklichkeit verändern. Wofür lohnt es sich zu leben? Was ist wirklich wichtig? Die Bilder meiner Seele können mir Antwort geben.

DREI WÜNSCHE

Zuerst wünsche ich dir offene Augen
für all die wunderbaren Dinge,
die der Wind immer wieder
in dein Leben weht.

Dann wünsche ich dir ein offenes Herz
für die Liebe und Freundlichkeit,
die dir jeden Tag von deinen Mitmenschen
geschenkt werden.

Und schließlich wünsche ich dir
ganz viel Sehnsucht
nach Licht und Segen,
die immer wieder vom Himmel
auf dich herabregnen.

Ein Leben lang
unterwegs

DER RUNDE TISCH

Vera: Der Anfang war schwer, wie meistens, wenn mich etwas Neues erwartet. Ich hatte mich auf den Weg gemacht, ohne zu wissen wohin. Die Kinder sind groß, der Garten ist gepflegt, die Begeisterung ist weggeweht. Ich gehe Pilgern, habe ich gesagt, weil mir nichts anderes einfiel. Immer der Muschel entlang. Hatte ich ein Ziel? Heute hier, morgen dort? Ich habe etwas gesucht, was ich verloren habe. Ich weiß nicht was. Auch das Gehen fiel mir zuerst schwer. Jetzt tut es gut. Es geht immer weiter und ich muss nicht ankommen. Ich bin unterwegs. Zum nächsten Quartier ist es nicht mehr weit. Was für ein schöner alter Park! Bei den Tennisplätzen lockt mich das Tenniscafé zur Einkehr, halb Café und halb Biergarten. Ich freue mich über die vielen Menschen dort. Doch ich habe lieber einen Tisch für mich. Sieht nicht gut aus, oder? Doch, da, der runde Tisch ist frei. Ein großes Wasser brauche ich und einen großen Salat.

Nora: Die Uni ist weit. Ich frage mich, warum ich für ein Wochenende nach Hause gefahren bin. Alte Gewohnheit? Das Nest bei meinen Eltern? Endlich wieder Kind sein? Hier auf den

Tennisplätzen habe ich schon als Kind gespielt. Manchmal holte mich mein Vater ab und spendierte mir eine Pizza. Eigentlich riecht es hier immer nach Pizza. Ich bin erwachsen. Meine Eltern können warten. Immer, wenn das Wetter gut ist, ist es voll. Kein freier Tisch! Obwohl, am runden Tisch sitzt eine ältere Dame, bestimmt fast 50. Sieht nett aus und hat auch einen Rucksack wie ich. Entschuldigung? Danke! Vera heißt du? Ich bin Nora.

Steffen: Hier habe ich einmal gelebt, das ist eine Ewigkeit her. Ich freue mich auf die Tage in der alten Heimat. Ich hatte mir das schon lange vorgenommen. Jetzt habe ich es geschafft, noch vor der Pensionierung. In ein paar Tagen holt mich meine Frau ab. An den Park kann ich mich gut erinnern. Manchmal habe ich zugeschaut, wenn dort Tennis gespielt wurde. Das große Turnier im Sommer, da war immer eine tolle Stimmung. Hier habe ich oft gesessen und eine Cola getrunken, später ein Glas Wein. Der Blick auf den Fluss ist einmalig. Ich fürchte, da ist kein Platz frei, wäre ja auch zu schön! Die beiden Frauen winken mir zu, vielleicht Mutter und Tochter. Winkt so das Schicksal? Darf ich? Ich bin Steffen.

Jan: Nicht schlecht hier. Alles etwas ruhiger und langsamer. Da wo andere Urlaub machen, darf ich die nächsten Tage arbeiten. Zum Glück gibt es auch hier Fahrstühle, die repariert werden müssen. Natürlich vermisse ich meinen Sohn. In vier Wochen feiern wir seinen ersten Geburtstag. Unterwegs sein heißt oft, sich allein fühlen. Vielleicht gehe ich da drüben am Tennisplatz noch ein Bier trinken. Ob ich mich irgendwo dazusetzen kann? Tut man das hier? Der runde Tisch dort ist groß genug. Die lächeln mich an, als hätten sie auf mich gewartet. Ihr seid keine Familie? Hallo Vera! Hi Nora. Hallo Stefan! Ach, Steffen, Entschuldigung! Ich heiße Jan.

Vier sehr verschiedene Menschen trafen sich zufällig in einem Biergarten im Park. Der runde Tisch schien nur für sie reserviert. Sie waren alle unterwegs mit ihren großen Rucksäcken, obwohl nur zwei zu sehen waren. Für alle würde der Weg bald weitergehen. Jetzt machten sie Rast.

„Es ist schön, in der Fremde willkommen zu sein", sagte Jan und erhob noch einmal sein Glas. „Als ihr vorhin so freundlich gelächelt habt, wusste ich zuerst gar nicht, ob ich gemeint war."

Vera nahm ihr Wasserglas und prostete ihm zu. „Was für eine schöne Begegnung! Das tut richtig gut!"

Nora machte schnell ein Foto. „Es kommt mir vor, als würde ich euch schon lange kennen, wie eine Familie. Nachher besuche ich meine Eltern. Irgendwie ist es gut, eine Familie zu haben – auch dann, wenn man erwachsen ist. Oder gerade dann."

Steffen hatte sein Glas Wein ausgetrunken. „Ich liebe runde Tische. Bisher wusste ich das nur nicht. Aber sagt mal, wie kam es eigentlich dazu, dass wir uns heute hier getroffen haben? Vera und Nora, ihr wart schon vor mir da? Wie ging es eigentlich los?"

Alle redeten jetzt durcheinander. Immer wieder fielen die Worte „unterwegs" und „auftanken" und „runde Tische". Dann stand Vera auf. „Ich kann es euch sagen. Es ging so los: Der Anfang war schwer, wie meistens, wenn mich etwas Neues erwartet. Ich hatte mich auf den Weg gemacht, ohne zu wissen wohin. Ich bin unterwegs und alles ist gut."

Die wichtigste Reise
meines Lebens
führt nicht ans Ende der Welt
Sie führt zu mir selbst

ENTDECKUNGEN

Ich kann die große Welt entdecken
oder die kleine Welt in mir.

Ich kann in ferne Länder reisen
oder die Reise nach innen antreten.

Ich kann interessante Menschen kennenlernen
oder neue Seiten an mir entdecken.

In der Ferne oder ganz nah –
ich freue mich darauf,
dem Leben zu begegnen.

MÖGLICHKEITEN

Der eine klettert gern in den Bergen,
die andere liegt meistens am Strand.
Eine tanzt abends bis spät in die Nacht,
der andere sucht lieber die Einsamkeit.
Einen zieht es stets nach Süden,
die andere fühlt sich im Norden wohl.
Der eine wohnt gern im Hotel,
die andere schläft lieber im Zelt.
Ich finde selbst heraus,
wo ich mich wohlfühle.

TRÄUME WERDEN WAHR?

Die meisten Menschen
haben wunderschöne Träume,
die sich niemals erfüllen.
Ob sie Angst davor haben,
dass aus ihren Träumen
Wirklichkeit werden könnte?

Wenn du
unterwegs bist
nimm nicht
zuviel Gepäck mit

Lass die Sorgen
zu Hause

BESONDERE TAGE

An besonders schönen Tagen
geschehen besonders große Dinge:
Ein Vogel weckt mich aus dem Schlaf,
jemand schenkt mir ein freundliches Lächeln,
einige Kinder singen ein freundliches Lied,
ich esse ein Stück selbstgebackenes Brot
und spüre den Wind in den Haaren.
Gibt es etwas Größeres?

ENTSCHEIDUNG

Ich will nicht dem nachtrauern,
was ich verloren habe,
sondern mich freuen auf das,
was ich noch gewinnen kann.

Einmal im Leben oder immer wieder
muss jeder von uns die Entscheidung treffen,
ob er für seine Sorgen und Probleme lebt
oder für die Liebe und das Glück.

Die schönsten Tage
erlebe ich immer dann,
wenn ich nicht Altes wiederholen wollte,
sondern Neues versucht und gewagt habe.

WORAN ES LIEGT

Wo immer ich gerade bin,
will ich davon überzeugt sein,
dass dies der beste Ort ist,
um gerade jetzt glücklich zu sein.

Wenn der neue Tag
ein wunderbares Geschenk ist,
dann will ich es nicht
eingewickelt in der Ecke
liegen lassen.

Es liegt nicht am Wetter,
ob es ein guter Tag wird.
Es liegt nicht an den Nachbarn
oder an den neuesten Nachrichten.
Es liegt an mir.

Auf schöne Tage kann ich lange warten –
oder dafür sorgen,
dass sie schön werden.

WORAUF ICH MICH FREUE

Ich freue mich auf das neue Buch –
nicht weil dasselbe drinsteht
wie in allen anderen,
sondern weil es spannend ist
bis zur letzten Seite.
Ich freue mich auf unser Gespräch –
nicht weil es so sein wird
wie das von gestern,
sondern weil wir uns noch so viel zu sagen haben.
Ich freue mich auf den neuen Tag –
nicht weil er so sein wird
wie die vergangenen,
sondern weil er voller neuer
Abenteuer sein kann.

ZEIT ZUM LEBEN

Ich will damit aufhören,
mein Leben in die Zukunft zu schieben –
wenn ich erst alles erledigt habe,
wenn das Haus fertig ist,
wenn die Kinder groß sind …
Ich will nicht irgendwann leben,
sondern immer wieder
heute.

ICH WÜNSCHE DIR

Ich wünsche dir,
dass es an jedem Tag deines Lebens
etwas gibt, worauf du dich freust,
und an jedem Abend etwas,
wofür du dankbar bist:
eine besondere Herausforderung,
ein romantischer Abend,
ein spannendes Buch,
ein wichtiges Gespräch,
fröhliches Kinderlachen,
ein leckeres Essen,
eine freundliche Einladung,
eine interessante Aufgabe,
ein schöner Spaziergang,
ein gemütlicher Feierabend.

Ich wünsche dir Zeit,
mal wieder gute Freunde zu besuchen
oder faul in der Sonne zu liegen,
mal wieder barfuß zu laufen
oder den Ameisen im Wald zuzuschauen,
mal wieder am Lagerfeuer zu sitzen
oder zu wandern, bis du müde bist,
mal wieder zu tanzen und zu singen
und richtig glücklich zu sein.

Ein fröhliches Herz
ist ein Geschenk des Himmels
um auf der Erde besser leben
zu können

AUF DEM WEG

„Das schaffe ich nie!",
war ich überzeugt –
und dann musste ich es nur versuchen.
„Dafür habe ich keine Zeit!",
klagte ich –
und dann musste ich mir nur die Zeit nehmen.
„Es gibt keinen Ausweg mehr!",
sagte ich fast resignierend –
und dann musste ich nur bereit sein,
meiner inneren Stimme zu folgen.
Und eh' ich mich versah,
stellte ich erfreut fest,
dass ich schon längst auf dem Weg war.

Haben Sie auch genug davon, zu Hause zu sitzen und von großen Abenteuern nur zu träumen? Ich jedenfalls will nicht nur das Alte bewahren und mich vor allem Neuen schützen. Ich kenne die Versuchung, über die Gefahren des Lebens zu klagen – und darüber zu versäumen, es zu leben!

Ich möchte lebendig und beweglich bleiben, offen für Veränderung. Natürlich kenne ich meine Ängste, meine Trägheit, meine Ausreden und weiß, wie schwer es mir fällt, Gewohntes loszulassen und Neues auszuprobieren. Aber ich will alles loslassen, was mich daran hindert, lebendig zu sein.

Beweglich und lebendig sein: Das bedeutet nicht die exotische Traumreise. Heute weiß ich, dass ich nur einen einzigen mutigen Schritt brauche: den Schritt ins „Abenteuer Leben".

Vielleicht führt mich der in unbekannte Gegenden mit fremden Menschen, deren Gebräuche und Ansichten ich kennenlerne. Vielleicht führt er mich aber auch in meine unmittelbare Nachbarschaft, wo ich versuche, Menschen und Dinge aus einem völlig neuen Blickwinkel zu betrachten. Vielleicht führt er mich sogar in meine eigene innere Welt, in der es so vieles zu erkunden gibt und wo ich meinen wichtigsten Lebensaufgaben begegne.

Egal wohin mich meine Reise ins Leben führt: Ich werde die Schönheit und Vielfalt dieser Welt entdecken, die Liebenswürdigkeit und Kraft vieler Menschen und die Knospen der Hoffnung tief in mir selbst.

Und wenn ich dann von meinen Schritten ins Leben heimkehre in meine vertraute Welt, werde ich die Tür öffnen und sagen: „Da bin ich wieder!" Und ich werde feststellen, dass sich etwas verändert hat – weder ich selbst noch meine Ansichten noch die Vorstellung von meinem Zuhause sind dieselben geblieben. Denn jetzt weiß ich, dass ich überall dort Heimat finde, wo ich willkommen bin und das Leben umarmen kann.

WAS ICH DIR WÜNSCHE

Ich wünsche dir
keinen bequemen und leichten Weg,
der alle Hindernisse umgeht
und dir jede Anstrengung erspart.
Aber ich wünsche dir,
dass du den Weg findest,
der für dich persönlich der richtige ist.

Ich wünsche dir auf deinem Weg
keine Menschen als Begleiter,
die immer nur lächeln,
die stets einen Scherz auf den Lippen haben
und nie einen Fehler machen.
Ich wünsche dir vielmehr Menschen,
die dir gegenüber ehrlich sind
und denen du ohne Vorbehalte
vertrauen kannst.

Ich wünsche dir auf deinem Weg
nicht jeden Tag Sonnenschein.
Aber ich wünsche dir,
dass du dich über den ersten Sonnenstrahl
nach einer langen Regenzeit
von ganzem Herzen freuen kannst.

Zum Autor:

Rainer Haak war Jugendleiter, Kellner, Buchhändler, Pfarrer, Konzertveranstalter, Trauerbegleiter und Reiseveranstalter, bevor er mit über 9 Millionen verkauften Büchern einer der erfolgreichsten Buchautoren im deutschsprachigen Raum wurde. Der Schriftsteller ist mit Angelika Haak, Sängerin und Stimm- und Bewegungscoach, verheiratet. Sie haben zwei flügge gewordene Kinder.

Rainer Haak bietet, unterstützt vom Verlag am Eschbach, seit 2022 ein „SchreibAtelier" für alle an, die selbst Texte verfassen und sich beim Schreiben selbst entdecken wollen: als Workshops in der Gruppe oder als individuelles Schreib-Coaching.
Informationen und Termine dazu auf der Internet-Seite des Autors:
www.rainerhaak.de

Von Rainer Haak sind im Verlag am Eschbach
unter anderem erschienen:
Ein Zaun voller Wünsche (70014)
Die Tür der Wünsche (70926)
Der siebte Wunsch (70684)
Nachts am Himmel tausend Sterne (70958)
In Tagen der Trauer (70728)
Für alles viel Kraft (70519)
Es ist ein Glück, dass es dich gibt (70617)

Die Verlagsgruppe Patmos ist sich ihrer Verantwortung gegenüber unserer Umwelt bewusst. Wir folgen dem Prinzip der Nachhaltigkeit und streben den Einklang von wirtschaftlicher Entwicklung, sozialer Sicherheit und Erhaltung unserer natürlichen Lebensgrundlagen an. Näheres zur Nachhaltigkeitsstrategie der Verlagsgruppe Patmos auf unserer Website www.verlagsgruppe-patmos.de/nachhaltig-gut-leben

www.verlag-am-eschbach.de

Gesamtgestaltung: Angelika Kraut
Kalligrafien: Ulli Wunsch, Wehr
Herstellung: Grafisches Centrum Cuno GmbH & Co. KG, Calbe
Hergestellt in Deutschland
ISBN 978-3-98700-004-1

Dieser Baum steht für umweltschonende Ressourcenverwendung, individuelle Handarbeit und sorgfältige Herstellung.